VENTE PAR SUITE DE DÉPART

Les Jeudi 18 et Vendredi 19 Octobre 1894

HOTEL DROUOT, SALLE N° 1

et le Samedi 20 Octobre 1894

SALLE N° 3

A DEUX HEURES UN QUART

MOBILIER
ARTISTIQUE

STYLES XVIe, XVIIe ET XVIIIe SIÈCLES

Ayant été fourni par les Maisons KRIÉGER, LEYS et MAZAROZ-RIBALIER

MEUBLES ANCIENS

Bronzes d'Art et d'Ameublement

MARBRES, TERRES CUITES, ÉMAUX CLOISONNÉS

BELLES TENTURES, TAPIS D'ORIENT ET EUROPÉENS

Tableaux, Miniatures,

Me G. DUCHESNE
Commissaire-priseur
6, Rue de Hanovre 6.

M. A. BLOCHE
Expert près la Cour d'appel
25, rue de Châteaudun, 25

EXPOSITION PUBLIQUE

Le Mercredi 17 Octobre 1894, de 2 heures à 6 heures

IMPRIMERIE ARTISTIQUE

E. MÉNARD & Cie

Bureaux et Ateliers : PARIS — 8, RUE MILTON

17 Octobre 1894

CATALOGUE
D'UN
MOBILIER ARTISTIQUE
Styles XVIe, XVIIe et XVIIIe Siècles

Ayant été fourni par les Maisons KRIÉGER, LEYS et MAZAROZ-RIBALIER

COMPRENANT

Salons, Salles à manger, Cabinet de travail, Bibliothèque
Chambres à coucher, vestibule, etc.
Meubles anciens et de fantaisie

BRONZES D'ART & D'AMEUBLEMENT

Marbres, Terres Cuites, Émaux cloisonnés

TABLEAUX, MINIATURES

BELLES TENTURES, TAPIS D'ORIENT ET EUROPÉENS

Objets divers

DONT LA VENTE AURA LIEU
en partie
PAR SUITE DE DÉPART

HOTEL DROUOT, SALLE N° 1

Les Jeudi 18 et Vendredi 19 Octobre 1894

et, SALLE N° 3, **le Samedi 20 Octobre**

A DEUX HEURES UN QUART

Me G. DUCHESNE
Commissaire-Priseur
6, Rue de Hanovre, 6

M. A. BLOCHE
Expert près la Cour d'Appel
25, Rue de Châteaudun, 25

CHEZ LESQUELS ON TROUVE LE PRÉSENT CATALOGUE

EXPOSITION PUBLIQUE
LE MERCREDI 17 OCTOBRE 1894
de 2 heure à 6 heures

NOTA. — A partir du **15 NOVEMBRE PROCHAIN**, le Cabinet de **M. A. BLOCHE** sera transféré **28, RUE DE CHATEAUDUN.**

CONDITIONS DE LA VENTE

La vente sera faite *expressément* au comptant.

Les acquéreurs payeront en sus des adjudications *cinq pour cent.*

L'exposition mettant le public à même de se rendre compte de l'état des objets, il ne sera admis aucune réclamation une fois l'adjudication prononcée.

Paris. — Imp. artistique E. Ménard & Cie, 8, rue Milton.

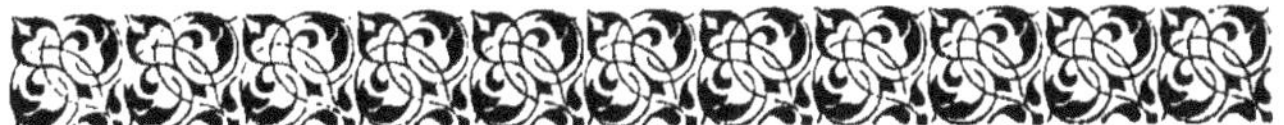

MOBILIER

1 — Porte-manteaux et parapluies en noyer sculpté et ciré, garni de cuivre.

2 — Grande jardinière en noyer ciré.

3 — Table à jeu en noyer ciré, modèle marin.

4 — Petite table à bezigue en noyer.

5 — Divan recouvert en tapis serbes, avec sa literie et trois coussins ronds en drap rouge, cinq coussins rouge et or et deux coussins serbes fantaisie.

6 — Deux fauteuils en tapis persans et velours marron.

7 — Bel ameublement de salle à manger, style Renaissance, en noyer sculpté et ciré, fourni par la maison Krieger, composé de : un grand

buffet à crédence, un découpoir étagère, une table rectangulaire à cinq allonges et deux demi-allonges, et douze chaises couvertes en cuir fauve et or.

8 — Divan en velours, tapis du Daghestan et quatre coussins de Scutari.

9 — Canapé d'angle, en velours marron.

10 — Tabouret en noyer sculpté et velours.

11 — Belle bibliothèque, en noyer ciré, style Louis XIII, à trois vantaux vitrés et trois vantaux pleins.

12-13 — Deux beaux meubles d'entre-deux, en bois noir ornés de bronzes et d'applications de pierres dures. Travail italien, style Louis XIV.

14 — Trois gaînes, style Louis XIV, en bois sculpté, peint en blanc, décor à attributs de musique, en or, dessus peint en blanc.

15 — Petite vitrine en noyer sculpté, rehaussé d'or, dessus en marbre violacé ; style Louis XVI.

16 — Bureau-ministre, en noyer ciré, style Louis XIII.

17 — Fauteuil de bureau en noyer, couvert en cuir.

18 — Table rectangulaire, style Louis XIII, en noyer sculpté, dessus en drap.

19 — Petite table en noyer ciré, pied à colonnettes.

20 — Table à jeu, forme enveloppe, en noyer ciré.

21-22 — Deux paravents japonais, brodés.

23 — Deux fauteuils japonais, satin chaudron.

24 — Table ronde, style Louis XVI, en acajou, ornée de cuivre, tablette en marbre.

25-26 — Deux jolis meubles à deux corps, en noyer sculpté, garnis de cuivre, style Renaissance.

27 — Table forme haricot, style Louis XVI, en acajou, ornée de cuivre.

28 — Table Henri II, en peluche grenat.

29 — Table, en peluche, pied doré.

30 — Beau meuble étagère, japonais, en bois de fer sculpté.

31-32 — Deux étagères carées, en bois de fer sculpté.

33 — Paravent à trois feuilles, en peluche grenat.

34 — Chaise longue, fauteuil et deux chaises en damas vieux rose.

35 - Bel ameublement de chambre à coucher en palissandre sculpté et ciré, style Louis XVI, composé de : une armoire à trois vantaux, à glaces biseautées, un lit avec sommier et une table de nuit.

36 — Table de lit en palissandre, avec accessoires.

37 — Toilette-lavabo en pitchpin, cuvette à bascule, robinets.

38 — Fauteuil et deux chaises couverts en armure chaudron.

39 — Lit en cuivre avec sommier.

40 — Armoire à glace, toilette-duchesse et table de nuit en bambou et pitchpin.

41 — Lavabo en pitchpin et marbre blanc.

42 — Armoire en pitchpin.

43 — Beau meuble de salon en bois de noyer sculpté à têtes de lions et d'animaux divers, pieds à griffes, recouvert de riches broderies dans le style de la Renaissance, composé de : un canapé, deux fauteuils et deux grandes chaises. Fourni par la maison Leys.

44 — Remarquable meuble de style Louis XVI en bois satiné, richement orné de colonnettes, rinceaux et figurines en cuivre. Le milieu ferme à deux portes entourées de bronzes, les deux côtés forment armoires vitrées. Le tout posé sur un socle à tiroir supporté par huit pieds et orné de têtes de béliers, de draperie et d'une tête de lion feuillagée.

45 — Cheminée recouverte de panne bleue avec carrés et rectangles dans le goût de la Renaissance.

46 – Jolie petite table carrée entourée de bronzes, le dessus formant damier, avec marques incrustrées.

47 — Petite commode de forme ventrue à quatre tiroirs en bois rose et palissandre, ornée de bronzes finement ciselés avec dessus en marbre brèche d'Alep.

48 — Meuble à hauteur d'appui en bois d'acajou, à cannelures de cuivre, avec vantail formé d'un panneau en laque rehaussé d'or sur fond noir. Dessus de marbre à galerie et draperie de cuivre.

49 — Petit tabouret carré en bois de noyer, recouvert d'une étoffe brodée de la Renaissance sur velours rouge.

50 — Grand fauteuil, style Louis XIV, en palissandre ciré avec incrustations d'ivoire et bois des Iles, recouvert en velours de Gènes.

51 — Chaise, style Louis XIII, à haut dossier, couverte en cuir gravé.

52 — Six chaises forme X en noyer sculpté, recouvertes de cuir gravé.

53 — Fauteuil Louis XIII, recouvert en cuir gravé.

54 — Petit meuble crédence en bois noir formant dressoir avec tiroirs et tablettes.

55 — Belle vitrine, style Louis XVI en bois d'acajou à trois portes à glaces biseautées, ornée de bronzes et cannelures de cuivre. Dessus de marbre d'Alep. Fourni par Zwiener.

56 — Meuble style Renaissance, modèle de Ducerceau, à colonnes avec porte et entablement finement sculptés.

57 — Meuble formant étagère en bois de fer du Japon, avec petit coffre à portes sculptées.

58 — Ameublement de salle à manger en bois noir composé de : un buffet à vitrine, une table carrée et huit chaises en velours frappé vieux vert.

59 — Quatre escabeaux en bois sculpté à hauts dossiers, ornés de cariatides de femmes. Travail italien, style Renaissance.

60 — Grande toilette en noyer sculpté, avec glaces biseautées et étagères, dessus en marbre blanc. Style Renaissance. Travail de Schmitt et Piollet.

61 — Meuble en bois noir, garni de bronzes.

62 — Table à ouvrage en marqueterie, style Louis XV.

63 — Table à ouvrage en bois noir, garnie de bronzes.

64 — Commode ancienne à colonnes, garnie de bronzes.

65 — Vitrine en bois de rose.

66 — Croix en bois ancien, incrustée de nacre.

67 — Porte-cigares et porte-allumettes, en écaille et or.

68 — Petit bureau en acajou, orné de bronzes dorés.

69 — Meuble à deux corps en bois sculpté, ouvrant à quatre portes, avec fronton XVIIe siècle.

70 — Bahut à hauteur d'appui, ouvrant à deux portes en bois sculpté, époque Louis XIII.

71 — Six chaises à hauts dossiers, forme dite portugaise, couvertes en cuir repoussé, style XVIIe siècle.

72 — Très beau christ en ivoire, dans un cadre bois sculpté, Louis XIV.

73 — Pendule Boule Louis XIV. Deux beaux vases en cristal de Bohème.

74 — Console bois doré, Louis XVI, dessus de marbre blanc.

75 — Très belle pendule, Louis XV.

76 — Buste de femme en terre cuite, par CARRIER BELLEUSE.

77 — Glace, cadre style Louis XV.

78 — Petite glace.

79 — Guéridon en palissandre.

80 — Table à jeu.

81 — Appareil à gaz, garniture de cheminée.

82 — Pendule avec sujet et deux candélabres.

83 — Grand store italien en soie.

84 — Deux petits stores en soie.

85 — Suspension.

86 — Coffre à bois.

87 — Deux galeries de fenêtres en bois doré, style Louis XVI.

88 — Etagère de coin.

89 — Glace biseautée, cadre en bois noir.

90 — Email ovale, représentant Georges Cuvier.

91 — Très bel ameublement de chambre à coucher en noyer sculpté et rehaussé d'or par partie, style Louis XVI, composé de : un lit de milieu, une table de nuit forme bureau cylindre et un grand meuble formant armoire à glace au milieu et chiffonnier sur les côtés. Travail de la maison Mazaroz-Ribalier.

92 — Grande glace avec cadre doré à fronton.

93 — Jardinière en cuivre rouge repoussé.

94 — Garniture de cheminée : pendule et candélabres en bronze, style Louis XIV.

95 — Nombreux rideaux de fantaisie.

96 — Petit canapé recouvert en satin noir broché capitonné.

97 Deux paires de rideaux en reps marron à fleurs avec embrasses.

98 — Tapis de table à reps marron et fleurs en jaune.

99 — Bougeoir en bronze doré style Louis XV.

100 — Lot de morceaux de musique ancienne et moderne.

Sculptures, Bronzes, Objets d'Art

101 — *Après le Bain*, statuette en marbre, de OLIVERI.

102 — *Carmen*, grand buste en marbre, de OLIVERI.

103 — *Diane chasseresse*, grand buste en marbre, de OLIVERI.

104 — Lanterne d'antichambre en cuivre, style Renaissance, de Vian, système à gaz.

105 — Grande lampe de parquet pied doré avec abat-jour en soie jaune et dentelle.

106 — Grande et belle suspension à 16 lumières et sa lampe en bronze vieil argent, style Renaissance.

107 — Deux lampes bambous sculptés, monture en bronze, style chinois.

108 — Lampadaire flamand à 3 lampes en cuivre poli.

109 — Paire d'applique à 5 lumières, en cuivre poli.

110 — Devant de cheminée en cuivre poli avec portoir, pelle, pincettes, etc.

111 — Deux vasques en émail cloisonné à fleurs en couleurs sur fond noir.

112 — Lustre en cuivre taillé.

113 — Suspension veilleuse en cristal rouge et bronze doré.

114 — Devant de feu en bronze doré de Barbedienne, pare-étincelles, chenets, pelle, pincettes, etc.

115 — Terre cuite : Chien basset, par ALEXANDRE.

116 — Bronze argenté : Buste de Marie de Médicis.

117 — Bronze : *La Cruche cassée*, statuette de CARLIER.

118 — Bronze : *Le Sommeil*, statuette de WECHAND, socle marbre griotte.

119 — Bronze patiné : Petit buste de Diane.

120 — Email : *La Belle Feronnière*, cadre en bois noir.

121 — Vierge russe, sur panneau de bois, cadre Louis XIV.

122 — Lampe formée d'un vase, en porcelaine flambée haricot rouge, monture bronze.

123 — Figurine en Satzuma.

124 — Deux appliques en fer forgé, à cinq lumières en girandole formées de feuilles d'acanthe avec mascarons, provenant du château de Louveciennes.

125 — Deux émaux : Van Dyck et sa Femme, cadres en cailloux du Rhin.

126 — Grand plat en faïence de Vieillard, de Bordeaux, décor à fleurs et oiseaux.

127 — Miroir avec cadre en onyx, garni d'émail cloisonné.

128 — Deux petits vases en porcelaine, fond bleu richement ornés de bronzes avec têtes de faunes et guirlandes de roses.

129 — Belle pendule et son socle, style Louis XV en vernis Martin, ornés de bronzes.

130 - Deux lampes en émail cloisonné avec bronzes dorés et ciselés.

131 — Bronze japonais, fleur de Lotus avec couvercle formé d'un papillon.

132 — Bateau en grès travail japonais.

133 — Boule ajourée et gravée formant brûle-parfum ; travail chinois.

134 — Deux petits vases émaillés à feuillages et fleurs en grisaille.

135 — Aiguière et son plateau bronze argenté et doré, d'après François Briot.

136 — Email. *La vierge assise,* entourage bleu à fleurettes. Cadre style gothique en bronze ciselé et doré.

137 — Boîte carrée en porcelaine de Saxe, décor à petits personnages.

138 — Boîte mignonnette en porcelaine de Saxe à fleurs et fruits.

139 — Fleur de Lotus en ancien émail cloisonné de Chine.

140 — Petit poignard avec manche d'ivoire sculpté.

141 — Boîte à poudre en argent style Louis XV, avec glace.

142 — Brûle-parfums en bronze doré et ajouré, travail chinois.

143 — Trois ivoires japonais finement sculptés.

144 — Petit chien en ancien bronze de Chine.

145 — Joli manche d'ombrelle en ivoire, sculpté à roses et tête d'ange.

146 — Garniture de foyer en cuivre poli, style Louis XIII.

147 — Paire d'appliques en fer forgé à trois lumières ; modèle du château de Louveciennes.

148 — Lustre à dix-huit lumières en cuivre orné de cristaux, style Louis XV.

149 — Deux bouts de table à trois lumières en bronze ciselé et doré.

150 — Belle garniture de cheminée en bronze Louis XV, de Berthoud à Paris, composée d'une pendule sur socle adhérent et deux flambeaux girandole à deux lumières.

151 — Deux chenets Louis XVIII en cuivre ajouré avec barre d'appui, pelle et pincettes (copie du château de Fontainebleau), de la maison Boutron.

152 — Divinité boudhiste rehaussée d'or, sur socle bois sculpté et doré.

153 — Belles appliques de bronze ciselé et doré formées de bustes de femme supportant quatre lumières.

154 — Lustre à douze lumières en bronze ciselé et doré, style Louis XIV.

155 — Deux flambeaux style Louis XVI à têtes pieds de faunes et guirlandes de fleurs en bronze poli.

156 — Deux grandes lampes à gaz formant appliques.

157 — Paire de vases de style Louis XV en marbre griotte à moulures contournées, garnis de bronze doré.

158 — Bel encrier en marbre rouge avec groupe en bronze représentant Archimède,

159 — Glace ronde dans un cadre carré en bois sculpté et doré du temps de Louis XIII.

160 — Grande pendule religieuse de style Louis XV, de Lecu le jeune, à Paris.

161 — Grande pendule en marbre rouge et composition surmontée d'un groupe représentant l'Enlèvement de Psyché.

162 — Paire de vases carrés formant lampes en porcelaine fond rouge décor or, monture bronze genre chinois.

163 — Paire de lampes formées de vases en bronze du Japon, décor en relief à fleurs et oiseaux.

164 — Statuette en composition : Arabe jouant de la harpe.

165 — Lustre en bronze doré à trente lumières.

166 — Lustre en bronze doré à six lumières style Louis XV.

167 — Deux appliques en bronze à fond de glaces biseautées, style Louis XV.

168 — Glace avec cadre en bronze.

169 — Deux flambeaux en bronze doré.

170 — Deux flambeaux en bronze doré.

171 — Paire de flambeaux en bronze doré.

172 — Dessin ancien cadre doré.

173 — Douze couteaux manches en ivoire et argent.

174 — Six couteaux et quatre cuillères à café en argent.

175 — Dix petits cadres en plâtre.

176 — Brûle-parfums en bronze du Japon décor à reliefs, couvercle surmonté d'une figurine et d'un dragon.

177 — Bouddha assis en bois sculpté et doré ancien d'Extrême-Orient.

178 — Pagode ancienne en bois laqué d'Extrême-Orient, renfermant une figurine de bouddha en bois sculpté et doré.

179 — Paire de vases en bronze du Japon à reliefs avec applications dorées et argentées, décor à oiseaux et branchages.

180 — Paire de vases en bronze de Kaga, décor en reliefs à oiseaux et branchages fleuris.

181 — Petit brûle-parfums à deux anses en bronze du Japon, couvercle surmonté d'une chimère.

182 — Deux vases en porcelaine du Japon, fond gros bleu à rosaces.

183 — Deux potiches avec couvercles en porcelaine de Chine, dessin à chimères dans des nuages en bleu sur blanc.

184 — Deux potiches en porcelaine de Canton, décor à personnages.

185 — Beau vase en porcelaine gris craquelé de Chine, anses formées par des figurines d'enfants : sur socle en bois de fer sculpté.

186 — Deux vases en porcelaine flambée de Chine, décor à ibis.

187 — Deux bouteilles en porcelaine de ganagowa, dessin en relief émaillé à oiseaux

188 — Paire de vases en émail cloisonné de Chine, fond bleu et noir, décor à fleurs en polychrome.

189 — Paire de vases en émail cloisonné de Chine, décor à oiseaux dans des branchages.

190 — Cache-pot en porcelaine de Bishu, dessin à médaillons et lanternes.

191 — Jardinière en porcelaine de Kutani, dessin à personnages.

192 — Groupe en porcelaine de Kutani, oiseaux sur un rocher.

193 — Deux statuettes de femmes en porcelaine de Kutani.

194 — Deux statuettes : personnages assis en porcelaine de Kutani.

195 — Deux bras d'applique bronze et cristaux, style Louis XIV.

196 — Quatre patères en bronze.

197 — Terre cuite : Arlequin, signé St-Marceaux.

198 — Terre cuite : buste d'homme.

199 — Haut relief bronze : tête d'homme, signé Maxime Queste.

200 — Quatre boîtes de minéralogie.

201 — Coupe formée par un plat de Satzuma, fond mauve à personnages, monture bronze.

202 — Coffet en porcelaine décorée.

203 — Petite lampe en métal bronzé

204 — Cave à liqueurs à musique.

205 — Lustre en bronze et cristaux à dix-huit lumières.

206 — Deux appliques analogues à quatre lumières.

207 — Plateau en métal argenté, bordure argent.

208 — Dix-huit couteaux métal.

209 — Service à découper, manches argent.

210 — Trois tasses et soucoupes en porcelaine de Chine, fond rouge.

211 — Lustre à trente-cinq lumières en bronze doré, style Louis XV.

212 — Beau lustre formé par une potiche et un cornet en ancienne porcelaine du Japon, monture en bronze ; les binets et les bobèches sont formés par des tasses et des soucoupes en ancienne porcelaine du Japon.

213 — Paire de grands et beaux vases en porcelaine de Tournai, décorés dans le goût de Sèvres, de sujets à personnages, monture en bronze doré avec bouquets de lumières.

214 — Autre paire d'importants vases en même porcelaine avec monture analogue.

215 — Importante garniture de cheminée en bronze doré : Pendule à sujet, *Enlèvement d'Europe*, et candélabres à huit lumières supportés par des figures de faunes.

216 — Tasse et soucoupe en porcelaine de Saxe avec fleurs en relief.

217 — Tasse et soucoupe en vieux Chine, décor polychrome.

218 — Paire de beaux chenets en bronze, style Louis XV, Lions et rocailles.

219 — Support représentant un nègre, en composition peinte.

220 — Coupe en onyx et bronze doré.

221 — Petit plateau en onyx et cuivre émaillé.

Miniatures

222 — Miniature rectangulaire sur ivoire : portrait de *Madame Roland*, cadre en bois doré.

223 — Miniature sur ivoire : portrait de *Madame Henriette de Bourbon Conti*.

224 — Miniature ovale sur ivoire : portrait de *la princesse de Lamballe.*

225 — Miniature ovale : portrait de *Madame Dubarry.*

226 — Bonbonnière en ivoire, couvercle orné d'une miniature représentant une jeune femme en costume, époque Louis XVI.

227 — Miniature ronde sur ivoire : portrait de la reine *Marie Antoinette.*

228 — Miniature ovale : portrait de *marquise Louis XVI,* cadre en bronze doré.

229 — Miniature : portrait de *femme Empire,*

230 — Miniature : sujet d'après LANCRET, cadre en bronze doré à fronton.

231 — Miniature : portrait de *Madame Tallien.*

232 — Miniature : portrait de *jeune fille Louis XVI,* cheveux poudrés.

233 — Miniature : portrait de *femme avec roses dans les cheveux*, cadre en bronze doré.

234 — Minature : sujet de fantaisie.

Tentures, Tapis

235 — Belle portière, fond bleu à lettres d'or avec entourage fond rouge tout brodé à personnages, animaux et paysages. Travail japonais.

236 — Portière en velours bleu à rayures d'or, le revers en satin saumon richement brodé à fleurs, de la maison De Leemans.

237 — Grand tapis d'antichambre en moquette rouge.

238 — Décor de baies, deux portières et deux décors de croisées en tapis zizien.

239 — Quatre portières en tapis de Caramanie.

240 — Tapis serbe fond rouge.

241 — Tenture murale et deux stores en andrinople.

242 — Tapis de salle à manger moquette rouge à fleurs bleues.

243 — Décor de fenêtre et un tapis de table velours de lin bleu et accessoires.

244 — Store guipure Colbert.

245 — Deux décors de croisées, un décor de cheminée en velours rouge et étoffe de Scutari fond or.

246 — Deux paires rideaux de vitrage et d'imposte guipure Colbert.

247 — Deux décors de fenêtres, un décor de double croisée, une tablette de cheminée et un décor de glace en satin et velours antique réséda; galeries en noyer rehaussé d'or, porte-embrasses en bronze, etc.

248 — Tapis en moquette fond crème.

249 — Deux décors de croisées, un décor de lit et deux portières en damas vieux rose et crème, tablette de cheminée et galeries en peluche.

250 — Décor de croisée, deux portières, décor jetée de lit et décor de cheminée le tout en armure chaudron, avec accessoires.

251 — Deux portières en tapis serbes.

252 — Trois tapis en moquette.

253 — Etoffes anciennes : chapes, chasubles.

254 — Objets divers non catalogués.

TABLEAUX

BAKALOWICZ

255 — *Femme nue.*

BELLANGÉ (H)

256 — *Pêcheuses regardant une baignade de soldats.*

BELLANGÉ (H)

257 — *Le Porte-Drapeau.*

Dessin rehaussé.

BRASCASSAT (genre de)

258 — *Taureau et vache à l'abreuvoir.*

CHARDIN (signé)

259 — *Portrait de chien.*

COROT (attribué à)

260 — *Etude de paysage avec montagnes.*

COROT (genre de)

261 — *Paysage animé d'une femme conduisant une vache.*

DASTUGUE (M)

262 — *Chevaux revenant de la baignade.*

DAUBIGNY (genre de)

263 — *Pêcheurs amarrant un bateau.*

DELPY (H. C)

264 — *Les Roches noires.*

Marine.

DELPY (H. C)

265 — *Paysage, bords de rivière.*

de DREUX (attribué à)

266 — *Chasseurs.*

EVERDINGER (Albert Van)

267 — *Bords de rivière en Hollande ; animés de personnage.*

FEYEN-PERRIN

268 — *Pêcheuse regardant la mer.*

FLANDIN (Eug)

269 — *Vue de ville d'Orient.*

HUET (D'après)

270 — *Scène pastorale du XVIIIe siècle.*

Cadre en bois sculptè.

HYON (G.)

271 — La Bataille de Magenta : « *Sire, la bataille est gagnée* ».

JONGKIND (attribué à)

272 — *Canal de la Hollande.*

JONGKIND (genre de)

273 — *Marine.*

LAMI (E)

274 — *Entrée du vainqueur.*

Aquarelle gouachée.

LOTTIER

275 — *Vues d'Orient.*

Deux pendants.

MASSON (P)

276 — *Déesses et amours.*

NOUTRÉ (ANDRÉ)

277 — *Paysage.*

PETIT (E.)

278 — *Fruits.*

POTTER (attribué à Paul).

279 — *Vaches au pâturage.*

DE LA ROCHENOIRE

280 — *Bœufs au pàturage.*

TROYON (Genre de)

281 — *Moutons.*

VAN DER BORGHT

282 — *Paysage animé d'un cours d'eau.*

VERNON

283 — *Nymphe et amour.*

VINOUSE

284 — *Fruits et gibiers.*

Deux pendants..

WALCKER

285 — *Murat et son état-major.*

ZEEMANN

286 — *Marine.*

ECOLE ANCIENNE

287 — *Le Christ et St-Jean.*

ECOLE ANCIENNE

288 — *Saint-Jean enfant.*

ECOLE ESPAGNOLE

289 — *Dame de qualité suivi d'un négrillon.*

ECOLE FLAMANDE

290 — *Femme artiste peignant son portrait.*

ECOLE FRANÇAISE
XVIIIe SIÈCLE

291 — *Portrait de femme avec fleur au corsage,*
Cadre en bois sculpté.

ECOLE FRANÇAISE

292 — *Paysage. Sous-Bois.*

ECOLE FRANÇAISE

293 — *Sujet pastoral du XVIIIe siècle.*

Gouache. Cadre en bois sculpté.

ECOLE FRANÇAISE

294 — *La Rêveuse.*

Gouache.

ECOLE FRANÇAISE

295 — *Faune et nymphes.*

ECOLE FRANÇAISE

296 — *Fruits et légumes.*

Gouache.

ECOLE ITALIENNE

297 — *Tête de saint.*

ECOLE MODERNE

298-299 — *Deux paysages.*

Formant pendants.

ÉCOLE MODERNE

300 — *Paysage en Hollande.*

Effet d'hiver.

ÉCOLE MODERNE

301-302 — *Paysages.*

Deux pendants.

ÉCOLE MODERNE

303 — *Femme assise.*

ÉCOLE MODERNE

304 — *En pleine mer.*

www.ingramcontent.com/pod-product-compliance
Ingram Content Group UK Ltd.
Pitfield, Milton Keynes, MK11 3LW, UK
UKHW021316190726
13839UKWH00007B/1880

9 782329 501406